# Francisco de Goya

# Francisco de Goya
# El pincel de la
# sombra

Ramón Cote Baraibar

100
*personajes • autores*

PANAMERICANA
E D I T O R I A L

Cote Baraibar, Ramón, 1963-
Goya / Ramón Cote Baraibar. — Bogotá: Panamericana
Editorial, 2004.
84 p. ; 21 cm. — (Personajes)
ISBN-13: 978-958-30-1596-0
ISBN-10: 958-30-1596-2
1. Goya, Francisco de, 1746-1828 I. Tít. II. Serie
927.5 cd 19 ed.
AZH3687

CEP-Banco de la República-Biblioteca Luis Ángel Arango

**Editor**
Panamericana Editorial Ltda.

**Dirección editorial**
Conrado Zuluaga

**Edición**
Pedro José Román

**Diseño, diagramación e investigación gráfica**
Editorial El Malpensante

Cubierta: Goya • *Autoretrato en el estudio* (1794-1795), óleo sobre lienzo 42 x 28 cm
Museo de la Real Academia de Bellas Artes de San Fernando, Madrid.

Primera edición, enero de 2005
Primera reimpresión, julio de 2006
© Panamericana Editorial Ltda.
Texto: Ramón Cote Baraibar
Calle 12 N° 34-20, Tels.: 3603077–2770100
Fax: (57 1) 2373805

Correo electrónico: panaedit@panamericanaeditorial.com
www.panamericanaeditorial.com
Bogotá D. C., Colombia

ISBN-13: 978-958-30-1596-0
ISBN-10: 958-30-1596-2

Impreso por Panamericana Formas e Impresos S. A.
Calle 65 N° 95-28, Tels.: 4302110–4300355, Fax: (57 1) 2763008
Quien sólo actúa como impresor.
Impreso en Colombia
*Printed in Colombia*

"No tengo vista, ni pulso, ni oído. Todo me falta y sólo la voluntad me sobra".

*Goya*

# Goya. A sol y sombra

Como a los grandes hombres, a Francisco de Goya y Lucientes no todo le salió bien en la vida. El precio que tuvo que pagar por lograr ser lo que la humanidad recuerda de él fue bastante alto. Pero tampoco todo le salió mal, pues lo que obtuvo de su búsqueda por haber bajado hasta el fondo de su conciencia, por haber entrado en el laberinto delirante de su imaginación, por haber penetrado y reflejado la médula de su época como ningún otro, es una de las más grandes conquistas en la historia del arte.

Quién iba a pensar que ese hombre nacido en 1746 en una pequeña aldea de Aragón llamada Fuendetodos, hijo de un modesto dorador y de una campesina de origen hidalgo venida a menos, se fuera a convertir en la figura capital del arte que nos permite entender una época tan contradictoria como la de la España de finales del siglo XVIII y comienzos del XIX. Y, para seguir en las suposiciones, quién iba a pensar que fuera la misma mano la que pintó las más sugestivas escenas pastoriles y las más impactantes escenas de guerra, los más delicados retratos y los más desgarradores episodios de su imaginación. Sólo a los genios les está reservado este destino.

Quizá esa misma atmósfera política y social en la que vivió, tan particular en los cambios de siglo, sirvió como revulsivo para que un pintor anónimo apellidado Goya fuera conocido universalmente como uno de los más grandes artistas de todos los tiempos. Por eso en él encontramos, como casi en ningún otro artista, la lucha en carne viva entre la razón y la imaginación, entre el amor a la vida y el rechazo a la muerte. Finalmente, podemos decir, a modo de adelanto de una de las conclusiones de la presente biografía, que Goya fue uno de los primeros pintores de la Edad Moderna. Por no decir el primero. Y ya veremos por qué.

Pero vayamos por partes. Goya, en muchos sentidos, tanto personales como artísticos, siempre se movió como un péndulo. Aunque nunca renegara de su origen campesino, dedicó gran parte de sus primeros años en Madrid a obtener una condición aristocrática. Y lo logró, aspecto que lo enorgullecía, pero, a pesar de esto, siempre fue fiel a sus raíces. Prueba de ello es que supo mezclar durante toda su producción, con una habilidad sorprendente, escenas de Corte y retratos reales con escenas y estampas populares. En este punto cabe hacer una comparación con su admirado Velázquez (1599-1660), quien, viniendo de una familia sin títulos ni abolengos, logró llegar a las altas esferas del poder, y quien tampoco olvidó su sensibilidad por las cosas sencillas y por la gente del pueblo.

## ¿Por qué la pintura española es la pintura española?

Antes de sumergirnos en la obra de Goya es necesario detenerse un momento y saber qué recibió nuestro artista, para valorar con precisión cuál fue su verdadero legado. La pintura española era reconocida en toda Europa como una pintura religiosa, desgarrada y ceñida a un marco exclusivamente realista. Los edictos del concilio de Trento (1545-1563) marcarían severamente el destino del arte católico para convertirlo en una herramienta propagandística que debería servir para dos cosas principalmente: convencer al fiel y disuadirlo de cometer el mal.

En la obstinada lucha contra el protestantismo, España, los Países Bajos e Italia se convirtieron en un bastión de la fe católica, lo que produjo desde el barroco impresionantes obras de arquitectura, de pintura y de escultura, como también instituciones tan aberrantes como la Inquisición.

Las artes se erigieron en puntas de lanza de la Iglesia con un claro propósito: crear en las gentes la certeza de que la única verdad existente, inobjetable, era la fe cristiana. Y que por ella se alcanzaba la salvación. Y todo aquel que se apartara de este camino sería considerado poco menos que un hereje. De allí que las vidas de los santos de todas las épocas se convirtieran, a su vez, en *exiemplos* de comportamiento para las personas, quienes, admiradas, las contemplaban arrodilladas, colgando de las paredes de las iglesias.

Lo anterior quizá explique un hecho singular: en la pintura española no predomina el tema mitológico, como sucede en otros países. Claro que existen obras de este tipo, pero lo preponderante eran los retratos de las vírgenes y las representaciones de los santos, ya que estaban dirigidos a un público devoto y a la vez temeroso, que veía en estas obras un reflejo de la condición espiritual, una especie de compendio de virtudes como prueba del triunfo de la religión católica en la faz de la Tierra.

Por su parte, los retratos de los reyes, con su sobriedad tanto en el vestido como en el decorado, tan característica de la pintura de la península, comunican a los creyentes que la austeridad es sinónimo de la grandeza católica. Y que ésta se ejerce desde arriba.

Pensemos en que la "austeridad" de los reyes y príncipes españoles contrasta con la majestuosidad de la pintura francesa, en la cual prima más el elemento escenográfico —columnas, brocados, palacios, caballos, lujos— mientras que en la española solamente se recalcan pocos símbolos, como las espadas, las medallas o las condecoraciones. Y pare de contar.

Bajo esa óptica, la pintura española del XVII y del XVIII tendía a ser dramática, aleccionadora y veraz. Por ello figuras tan importantes del período barroco como Caravaggio (ca. 1571-1610), quien basó su trabajo en el uso del "claroscuro", trazaron un camino que muy pronto sería recorrido en la Península Ibérica por el propio Velázquez, Zurbarán (1598-1664) o Ribera (1591-1652), lo que propició la producción masiva de cuadros y esculturas, trabajados bajo los mismos conceptos de convencimiento, claridad conceptual y profundos contenidos de reformación espiritual.

Pero no olvidemos que esta producción no solamente estaba destinada a satisfacer las necesidades del público español. También se hacía para el territorio americano, dividido entonces en virreinatos y capitanías generales. Esas obras llegaban a Quito, México o Bogotá y sobre ellas se hacían muchas copias a las que se les añadía la propia imaginación del artista americano. Pero ese es otro tema.

Ramón Cote Baraibar

## Qué pasaba entonces

Cuando Goya empezó a pintar en Zaragoza, en el taller de José Luzán, el estilo predominante era el tardobarroco. Todo muy galante, muy aéreo, muy sofisticado. Más tarde, ya cuando estaba en Madrid, el gusto cortesano oscilaba entre el neoclásico y el rococó, con escenas decorativas, paisajes y bodegones, donde se valoraba a veces más el artificio que la concepción pictórica. Pero un pintor llamado Rafael Mengs supo ver en Goya algo más que un hábil dibujante y lo llamó a trabajar en la Real Fábrica de Tapices, llamado que le cambió la vida a nuestro pintor. Y de paso a la historia del arte de Occidente. Pero, ¿qué se estaba cocinando?

Hasta el siglo XVII España era la nación más poderosa del mundo y su paulatino resquebrajamiento supuso también una crisis en las estructuras del propio Estado. Las amenazas inglesa y francesa provocaron un progresivo encerramiento de España dentro de sus fronteras, así como una inflexibilidad de orden moral y político, lo que se tradujo en una actitud de alerta sobre

[Goya] comenzó siendo un pintor inmerso en la corriente decorativa de un barroco que iniciaba su proceso de descomposición y ejecutó obras en un estilo que unas veces se aproximaba al clasicismo del XVII y otras le vinculaban a cierto rococó. Sobrevivió a la fosilización del academicismo y a la omnipresencia del mundo neoclásico, creando un estilo propio y personal de inclinación al barroquismo sin abarrocarse. No sólo es su resumen de los movimientos estéticos de su tiempo sino que con sus últimas obras penetró ampliamente en los nuevos conceptos sociales y pictóricos del siglo XIX y prefiguró, en cierta medida, muchos de los avances artísticos innovadores del siglo XX, dentro de la figuración incluso en aspectos de lo no figurativo.

—JUAN J. LUNA

cualquier influencia extranjera que pudiera alterar el orden establecido. Pero ese autarquismo fue cediendo poco a poco para ir admitiendo la presencia de artistas extranjeros en España.

Carlos III, el monarca ilustrado, al percatarse de lo nocivo de vivir de las rentas del pasado y de ponerle un candado a todo lo que viniera de afuera, quiso estar al día con la Europa contemporánea. De allí que llamara a arquitectos, paisajistas, ingenieros y pintores famosos con el propósito de igualarse con las cortes vecinas. Prueba de ello es la transformación de Madrid, ciudad que lo recuerda como uno de sus mejores alcaldes. Según se sabe, el monarca napolitano, que era una persona amante de las artes, quedó sorprendido por la pobreza y el atraso de España con respecto a ciudades de Italia y Francia. No podía comprender cómo Madrid, la capital, fuera un pueblo desordenado, de callejuelas peligrosas y malolientes, habitada por personas que se ocultaban bajo un manto largo que les cubría hasta los tobillos, muchas de las cuales se amparaban en esta vestimenta para cometer todo tipo de crímenes. Júzguese lo importante de la decisión de Carlos III de prohibir tales capas para la moda española. Y júzguese también el hecho de que esta determinación causó un enorme resentimiento entre los madrileños, quienes se sintieron poco menos que "desnudos", lo que provocó el denominado "motín de Esquilache". Para que se vea que la moda también puede causar revueltas populares.

Por aquel entonces el trabajo artístico español en su mayoría consistía en obras de encargo. Y quien las solicitaba —por poder monetario y por formación cultural— eran la

Iglesia o la monarquía. Pero pronto empezaría a florecer otro tipo de encargos, producto de una incipiente burguesía que comenzaba a consolidarse en la España del siglo XVIII, fruto de las riquezas que dejara el siglo anterior, es decir, de los negocios florecientes con las colonias americanas.

Por otra parte, el grabado se había convertido en otra fuente de producción —y rentabilidad— artística debido a su bajo precio y a su facilidad de reproducción, así como a la rapidez de su propagación por el continente. La importancia de los grabados fue vital para Europa, pues las obras de Alberto Durero (1471-1528), por poner un ejemplo, alimentaron la imaginación de los artistas de todos los países, como después lo harían los grabados de Piranesi (1720-1778) o de Canaletto (1697-1768).

Ya tomaría nota Goya en este aspecto, pues si bien pasó a grabado varios cuadros de Velázquez, produjo una obra grabada que más adelante analizaremos y sin la cual no se puede entender la complejidad de su mente.

España tuvo la suerte de tener a Goya y, a su vez, Goya tuvo la suerte de tener a España. Una España que era una caldera a punto de explotar, y de hecho lo hizo, en una época contradictoria donde la nación que portaba la antorcha de la razón acabó siendo presa de la sinrazón. No olvidemos que por aquel entonces estaban las colonias españolas a un paso de lograr su independencia.

Para indicar lo convulso de la época, recordemos qué pasaba en 1812. Mientras Napoleón ve cómo se incendia Moscú, Bolívar emprende con gran arrojo la liberación de Venezuela. En 1819 España vende Florida a Estados Unidos y nace la República de Colombia por iniciativa de Simón Bolívar y sus cercanos. Es decir, Bolívar, San Martín y Goya asistieron, salvadas las distancias, a una problemática que les concernía, vieron cambiar el siglo y se ilusionaron con la famosa *Declaración de los derechos del hombre,* y juntos pensaron en aplicarla en cada uno de sus países. Estos breves ejemplos quieren ilustrar que la época de Goya no es tan alejada como podría parecernos. Al contrario, está ligada o, para ser más exactos, corre paralelamente a la historia de América, ya que en vida de Goya se realiza la Expedición Botánica comandada por José Celestino Mutis (1783) y, además, porque sólo hasta 1810 se liberaron las colonias americanas.

Estamos ante el nacimiento de una nueva etapa tanto social como política y económica en todo el globo, y es importante recalcar que en todas partes se dan cambios abruptos, colonizaciones; es el afianzamiento del capitalismo en Occidente el principal motor de desarrollo. Es un momento en que el antiguo régimen se pulveriza para dar comienzo a las naciones como hoy en día las conocemos, es decir, al nuevo concierto mundial. Goya asiste con sus ojos aterrados a estos cambios sucesivos y bajo su sombrero rodeado de velas va pintando sus demonios y sus fantasías hasta los ochenta y dos años. Pintó la muerte. Y ahora la eternidad lo sigue pintando.

*El primer paso: los tapices*

Una de las pruebas de la terquedad de nuestro pintor es que como fue rechazado un par de oportunidades para concursar por una beca de la Academia de San Fernando en Madrid, lo intentó de nuevo, pero en otra ciudad, Roma, y en 1771 obtuvo finalmente una mención del jurado en un concurso de la Academia de Parma. Y como en su vocabulario no existía la palabra *doblegarse*, lo encontramos en 1773 codeándose con la corte madrileña, gracias al matrimonio con María Josefa Bayeu, hermana de su maestro Francisco Bayeu, quien lo introdujo en lo que sería el principio estelar de su carrera: la Real Fábrica de Tapices de Santa Bárbara. Este momento es de singular importancia. Pero detengámonos un momento en esta fábrica que proporcionaba las piezas para la decoración de los salones, comedores, dormitorios y pasillos de la familia real. La Real Fábrica de Tapices fue creada en 1721 por Jacobo Vandergoten (¿?-1724) para impulsar la creación propiamente española, la cual en este aspecto era bastante deficiente. Y Corte que se preciara tenía su fábrica. Conviene recordar que Goya, así como otros pintores de la época, pintaban imágenes sobre unos cartones, las cuales posteriormente eran reproducidas fielmente en los telares. Abundaban escenas de caza, fiestas populares, etc.

Ellos manejaban varios estilos: en el primero primaba el gusto flamenco. En el segundo, el italiano. Y en el tercero, donde encontramos a Goya, la escenografía, es decir, la puesta en escena de lo que se va a presentar; esa era la base de la representación. El casticismo, entonces, fue una fuente iconográfica bastante recurrente y Goya bebió de ella: costumbres, paseos, trajes populares, majas, romerías serán sus primeras obras conocidas que reflejan un conocimiento de la composición, de los gestos, de los gustos del momento; y permiten advertir la facilidad con la que Goya llevaba la realidad, sin necesidad de falsearla o decorarla, a la pintura.

España compartía una afición muy de las Cortes europeas del momento: imitar maneras y formas de vida populares, algo que estuvo muy en boga en el último tercio del siglo XVIII. De allí que los cartones se conviertan en una "crónica gráfica de la vida cotidiana, de la calle, de las fiestas, las distracciones o las costumbres, tanto en la ciudad como en el campo próximo, siempre con un tono correcto, idílico y alegre", al decir de Juan J. Luna.

Entre los tapices más famosos se encuentran *La boda, Las gigantillas, El pelele, La nevada* y *La gallina ciega*. Fue su actividad más importante hasta 1792, año en el que dejó de hacer cartones para los tapices. Ya era hora, habían pasado dos décadas, y además había entrado en conflicto con los tejedores, quienes se quejaban de la imposibilidad de trasladar a los hilos la gran cantidad de colores que Goya usaba. Parecía como si él estuviera pintando más para lo que iba a venir que para el momento que estaba viviendo.

La mayoría de los conocedores de su trabajo están de acuerdo en que una de las piezas más importantes de este momento es *El quitasol* (1777). En ella vemos a un joven que con gesto galante protege con una sombrilla a una mujer arrodillada, la cual mira hacia el espectador con una vivaz coquetería, con cierta complicidad. El trabajo de los colores, la manera suave como modela las figuras y como realza el brillo de los vestidos hablan a las claras de esa aparente "facilidad" de nuestro artista para este tipo de trabajos que, si bien podrían ser considerados "menores" dentro de su obra, son extremadamente importantes porque nos sirven no sólo como simples datos biográficos o como muestra de las costumbres de la época, sino también como contraste con su periodo siguiente, durante el cual compuso la serie de retratos.

Ya Goya había puesto un pie en la Corte y de ahí nadie lo iba a sacar. Estamos en 1780, nueve años antes de la Revolución Francesa, cuando es nombrado por unanimidad académico de San Fernando y pinta el famoso Cristo que se encuentra en el Museo del Prado; como prueba de su consagración le encargan la cúpula de la iglesia más importante de Zaragoza, El Pilar, la cual entrega al año siguiente. Tenía treinta y cuatro años y toda una eternidad por delante.

[Goya fue] testigo de las numerosas fases que constituyen su tiempo histórico y profeta de la estética del porvenir, a la que se adelantó, su arte y su obra no han cesado desde entonces de cobrar un interés cada vez mayor para las diferentes generaciones que se han sucedido hasta nuestros días. No fue un "intelectual" en sentido estricto, pero poseyó una formación cultural de cierto rango; además, se basó en su proverbial sentido común para acceder a asuntos e interpretaciones sin ser necesariamente un autodidacta. Poseyó intuición en grado sumo, su vibrante espíritu permaneció agudamente despierto, hizo gala de insospechada vivacidad cuando convenía y se adaptó análogamente a situaciones especiales en el instante en que lo estimó oportuno. Con los años su fino talento observador se acrecentó merced a un ojo penetrante al cual nada pudo escapar.

—JUAN J. LUNA

## La historia de una ilusión

Así como su concepción del arte estaba girando imperceptiblemente, también lo harían sus ideas políticas, ya que Goya empezó a inclinarse por la Ilustración francesa, la cual iba en contravía del encierro y del atraso secular que había predominado en España durante varios siglos. Porque Goya fue una de esas personas que, sin quererlo, acabaron arrastrados por el remolino de unos cambios estructurales, de grandes magnitudes, que iban a suceder a lo largo de su vida. Él no los alentó, pero participó en ellos. No los provocó, pero le revolvieron las tripas. No los propuso, pero marcaron su obra. Son los cambios de centuria, siempre tan difíciles. Goya vio los artificios del siglo XVIII alumbrar con sus luces el principio del XIX y luego quedar completamente a oscuras. Pero vamos por partes.

España pasó del esplendor del siglo XVII a la vacilación del XVIII y a la liquidación de las rentas del XIX. Goya creció amparado bajo el gobierno de Carlos III, un monarca que, como se ha visto, modernizó a España desde múltiples puntos de vista. Su carácter, a tono con lo que sucedía en Europa, no dejó de molestar a cierto círculo de la aristocracia y de la nobleza, pues modificó costumbres imperantes desde el reinado de Isabel la Católica. Funcionarios expertos, de extracción universitaria, ocuparon cargos en lugar de miembros de la nobleza, con lo cual se realizaron reformas en las estructuras del Estado y de la producción del país. También se acometió la modernización de la red viaria, así como la reforma y vigorización de la hacienda, gracias a los decretos de libre comercio entre España y América.

No sobra recordar que fue durante este reinado cuando se creó el Virreinato de la Nueva Granada, así como el del Río de la Plata, lo que, paradójicamente, al beneficiar a una burguesía criolla americana sembraría los gérmenes de la independencia en varios de nuestros países. Pero sigamos con las reformas de Carlos III: se expulsó a los jesuitas (1767), se vigorizó el comercio en toda la península, y a pasos agigantados en Cataluña, provincia que a la postre será la llamada a crear las bases para la denominada "revolución industrial". A su vez, a modo de regularización del capital, se creó el Banco de España y se hicieron las primeras emisiones de papel moneda. Como se puede ver, toda una transformación, como manda la ley.

Al bueno de Carlos III le sucedió su hijo Carlos IV, quien borró con el codo lo que había hecho su padre con el brazo. Las tímidas conquistas ilustradas, la fe —y la necesidad— en el progreso, la razón como una nueva luz —en contra de una arraigada tradición de supersticiones religiosas— poco a poco fueron cayendo como naipes de lo que pudo haber sido una baraja formidable. Pero Carlos IV, según dice Carlos Fuentes,

> ocupó el trono y rápidamente deshizo cuanto pudo de la obra de su padre. Una frivolidad sin medida fue determinante para ello. A Carlos IV le interesaba más la buena vida que la buena educación, había muy poca materia gris debajo de su peluca empolvada, y era fácilmente manipulado por su reina, la sexualmente voraz

María Luisa de Parma, conocida con el mote un tanto quesero de La Parmesana.

Y con una de las personas que encarnaba el espíritu ilustrado, Gaspar Melchor de Jovellanos, joven y progresista y lúcido ministro de Carlos III, se puede sintetizar lo que sería el nuevo gobierno: exiliado, maltratado, ignorado, vejado. Si antes había sido un emblema de la nueva época de los cambios, ahora significaba cierto extranjerismo que se empezó a juzgar como nocivo para el nuevo monarca.

Un complejo mapa político tenía atrapada de pies y manos a España. A raíz de un motín en Aranjuez, el ya debilitado Carlos IV se vio obligado a abdicar en su hijo, Fernando VII. Sin embargo, como la situación no era nada fácil para ninguna de las partes, a solicitud de ambos, se le pidió a Napoleón que interviniera como árbitro amigable para dirimir las disputas de la sucesión, pero el monarca corso tenía pensado otra cosa: los hizo prisioneros en Bayona, obligó a Fernando VII a devolver el trono a su padre, Carlos IV, quien, a su vez, debía ceder sus derechos y los de su corona al propio Napoleón y su dinastía, situación a todas luces inaceptable, lo que provocó los célebres levantamientos que posteriormente, en 1814, inspiraron los famosos *Fusilamientos del dos y tres de mayo* de Goya. Por otra parte, Napoleón se apresuró a proclamar una Constitución en la cual abolía la Inquisición y las alcabalas y le propinaba un duro golpe tanto al feudalismo como a la Iglesia. Y como si fuera poco, proclamó los afamados *Derechos del hombre*.

A primera vista, se podría llegar a pensar que Napoleón tenía razón. Pero cuando advertimos que detrás de tantos ofrecimientos por construir una nación moderna se ocultaba la garra de la dominación francesa, y en vista de la presencia de los ejércitos franceses en territorio peninsular, no podemos más que rechazar la forma como éste realizó su hábil maniobra, nombrando a su hermano, José Bonaparte, rey de España. Y en medio de este escenario nuestro artista, observando lo que sucedía y fraguando en su interior su propia respuesta.

# SABER PINTAR

Habíamos dejado a Goya con sus tablas para tapices, las cuales se pueden apreciar en el Museo del Prado de Madrid. Y ahora lo encontramos rodeado de banqueros, aristócratas y una boyante burguesía. Goya, a pesar de su carácter rudo, ensimismado, de ademanes un tanto pueblerinos y sus gestos marcados por una raza de hombres acostumbrada a trabajar de sol a sol, pudo franquear las fronteras más cerradas del poder. ¿Cómo lo hizo? A punta de talento. Basta ver los retratos de esa época para comprobar la rápida madurez de su paleta, pues de cierto relamido estilo rococó que se advierte en algunas piezas pasa a un dominio del color, del espacio, de la composición y del análisis de la personalidad de sus retratados.

Conviene hacer una reflexión en este punto, ya que mucho se habla de que cuando un pintor retrata a alguien, de verdad está retratando su interior. Esto, que podría parecer un mero truco retórico o una convención fácil para eludir algún problema principal, tiene su razón de ser, pues cada una de las personas que retrata son distintas, no solamente por su fisionomía, sino porque "emanan" un aura, tienen un misterio intransferible que el propio pintor ha sabido identificar y plasmar con exactitud sobre la tela. La prueba de ello es que pasados los siglos los retratos que llevan su firma tienen una fascinación de la que los restantes carecen. Es más, aparte de esa fascinación, de un saber hacer inigualable, de un oficio que se aparta de lo académico, hay una verdad en todos ellos, un toque distintivo, una posesión única.

En esta nueva etapa sus colores se disuelven unos sobre otros, creando en el espectador la sensación de estar asistiendo a un primitivo impresionismo; los personajes impactan por sus gestos, por su postura, por esa "fácil dificultad" que tenía el pintor de Fuendetodos para captar la esencia de la persona retratada. Y en esto no le ganaba nadie. Ni su cuñado Bayeu ni Maella o Inza, los pintores de la época, pudieron acercarse a ese estilo que lograba dar vida única, individual, reconocible, a sus retratados. Es cierto. Esas largas pinceladas, donde se confunden varios colores para crear uno solo, tienen cierta influencia de la pintura inglesa, vía Reynolds (1723-1792), vía Gainsborough (1727-1788). Y si es verdad que Goya es un antecedente de los impresionistas también lo es del abstraccionismo, como más adelante veremos.

Veamos ese retrato magistral que es *Los duques de Osuna y sus hijos* (1788), un cuadro donde aparecen los padres rodeados por sus cuatro hijos con sus juguetes. No hay nada artificial en ellos, tampoco aparecen "embalsamados" como ocurre con este tipo de retratos familiares. Aquí Goya parece repetir una de sus constantes: no hay nada que no sea importante. La posición del duque es tan valiosa como el carruaje que arrastra el niño que está sentado sobre unos cojines. Esa gama de verdes los emplea Goya con tal habilidad que parece como si ese color nunca antes hubiera sido utilizado en ningún cuadro.

## Nuestro hombre en la Corte

Una vez fue coronado Carlos IV como rey, a la muerte de Carlos III (1788), Goya fue nombrado Pintor de Cámara, con lo cual el artista cumplía una de sus grandes aspiraciones. Después seguiría su intento por ingresar en la nobleza, tal como se ha podido corroborar mediante el hallazgo de varias cartas que testifican sobre el tema. Podemos decir que tocó el cielo con las manos: era amigo del rey y de la reina, a quienes pintó en uno de los retratos de grupo más importantes de la pintura española de todos los tiempos, equiparable sólo con *Las meninas*, de Velázquez.

Contaba con el aprecio de Cabarrús, director del Banco de España y de su selecto círculo, y, algo que no es nada desdeñable, con la valoración de su arte. Pero estamos ya en 1789 y las repercusiones de la Revolución Francesa pronto traerán grandes cambios.

Y la sordera. No se sabe cuál fue el motivo de esta enfermedad —unos dicen que por haber hecho una fuerza extrema durante un concurso de carretillas, otros que por una enfermedad venérea mal curada—, la cual se manifestó entre 1792 y 1793, es decir, cuando Goya

La personalidad de Goya es una de las más ricas y variadas que un artista haya poseído jamás: una notable combinación de introspección, oportunismo e insaciable curiosidad, que se nutre con glotonería de la estructura social, pero que está siempre solo entre sus fantasías. Se mueve en el espacio oscuro de la historia borbónica como una bola de espejos de múltiples caras, que devuelve inmediatamente cualquier toque de luz que le dirige el especialista. Exige interpretación, la absorbe y siempre parece pedir más, porque su trabajo es tan abundante como variado.

—ROBERT HUGHES

tenía más o menos cuarenta y siete años. Esto, evidentemente, no explica pero sí nos pone en órbita de un problema que lo hunde, que lo arroja al abismo de sus pensamientos, abismo cada vez más hondo y pensamientos cada vez más confusos. Pero el talento, la tenacidad y la convicción de Goya hacen que él sea superior a sus limitaciones. Fue en esta época cuando vieron la luz la primera serie de sus famosos grabados: *Los caprichos*, que más adelante se analizarán. También fue una época luminosa de producciones certeras, de retratos reales, de amigos, de repetidos encargos. Pero se acentúa esa escisión del artista aragonés, ya que si por un lado pinta lo que ve por otro pinta lo que lo atormenta. Si por un lado es la claridad de la imagen, festejar el mundo del día, la salvación meridiana, por otro es la tragedia nocturna, la enorme barrera que va de lo que ve con los ojos abiertos al tremendo decorado que se arma cuando los cierra. Por un lado la razón de los monstruos y por el otro los monstruos de la razón.

Inmerso en un gran proceso creativo, en el que coincide su madurez artística con los encargos tanto públicos como privados, lo encontramos en 1798 realizando la decoración mural de San Antonio de la Florida (Madrid) o pintando en repetidas ocasiones a los soberanos. Ejemplo de ello es el par de retratos ecuestres que realizó de Carlos IV y de la reina María Luisa.

*Una familia polémica. Un cuadro polémico*

Como prueba de la confianza depositada por los reyes en Goya, éste hace uno de los retratos de grupo más importantes de toda la historia del arte: *La familia de Carlos* IV (1800). Goya no hubiera podido pintar este soberbio cuadro si no hubiera tenido un antecedente. Y es *Las meninas*, obra de la cual ya había hecho un grabado. Su admiración hacia Velázquez no tiene límites, lo que no quiere decir que en *La familia de Carlos* IV haga una copia siglo y medio más tarde. Hay cuatro aspectos que unen ambas obras: a) el retrato del propio pintor en el acto creador (a la izquierda); b) el interior palaciego con su respectiva decoración de un palacio con obras de arte; c) la posición preponderante de la reina María Luisa, al igual que la infanta Margarita, y d) el juego de espejos que, menos complejo que en *Las meninas*, se usa, ya que Goya, al retratarlos, no los está mirando directamente, sino que está viendo su reflejo en el espejo que tiene al frente.

Sobre *La familia de Carlos* IV ha corrido mucha tinta; sobre todo, se ha hablado de la deliberada fealdad de quienes lo componen, como si el pintor hubiera querido burlarse de ellos y, finalmente, se hubiera salido con la suya. Esta apreciación, que ha hecho carrera desde el romanticismo, es de una candidez escandalosa, ya que lo último que se le hubiera ocurrido a Goya, tan interesado en permanecer en la Corte, en subir en la escala social, en recibir encargos, en codearse con los personajes más importantes del momento, habría sido la torpeza de mofarse de la familia real de esa manera tan grosera. Prueba de ello es que pintó por separado a los reyes en repetidas ocasiones, algo que agradó bastante a la pareja real.

Por lo tanto, el valor del cuadro no se halla en la supuesta valentía de Goya por haberse burlado de los reyes sino en otros valores, tanto históricos como estéticos. Históricos porque reúne una época, un grupo homogéneo, dispuesto en modo de friso, lo que le da el marcado carácter horizontal a la composición. Se advierte el dominio de la reina María Luisa, con su cuerpo de frente y su cabeza girada hacia la derecha. En cuanto a lo segundo, el prodigio de su pincel alcanza una verdadera cumbre. La precisión del modelado de los retratados es imponente, cada uno completamente distinto del otro. Las gamas de colores de las telas son de una sutileza admirable, pues se siente la liviandad y transparencia de las mismas.

Goya pintaba muy ligeramente, con muy poco cuerpo de color y mucho aceite. Por eso su obra se resiente con el tiempo más que la de otros artistas antiguos. De esa ligereza proviene el que la capa delgada del pigmento se resquebraje, más en los fondos que en las cabezas. Éstas, naturalmente, están más empastadas que los accesorios y el fondo. La resquebrajadura es muy rara. Tiene forma de tela de araña. Desde un punto del lienzo irradian líneas casi rectas que son unidas por otras líneas circulares o en espiral. La mala calidad de la imprimación y lo somero de la capa colorante contribuye a que las obras de Goya sean muy delicadas, y lo mejor que se puede hacer con ellas es no tocarlas.

—RICARDO BAROJA

Goya ya hace suyo ese estilo impreciso de pinceladas sueltas que vistas a corta distancia parecen manchas, pero vistas de lejos reproducen con gran exactitud cada uno de los objetos, llámense éstos espada, condecoración o hebilla. A su vez, la chispeante sucesión de rostros distintos dan una gran tensión al cuadro y una mayor "legibilidad", como si recorrerlos fuera leer una novela. Por otra parte, la luz tiene un papel fundamental pues ilumina a la reina y a sus hijos haciendo ligeras gradaciones en las demás figuras. Ese golpe de luz organiza la composición.

Para aquellos que les gusta saber quién es quién, este cuadro está compuesto por las siguientes personalidades (de izquierda a derecha): Carlos María Isidro; Fernando, futuro Fernando VII; detrás de éste asoma el rostro de la hermana del rey, doña María Josefa; la reina María Luisa rodeada de sus hijos menores María Isabel y Francisco de Paula; Carlos IV, adelantando el pie izquierdo; Antonio Pascual y a su izquierda el matrimonio de los príncipes de Parma, don Luis de Borbón y la infanta María Luisa con su hijo, Carlos Luis.

Goya era consciente de que había hecho una obra maestra y de que a sus cuarenta y seis años se le podía medir a todo. Además, su trabajo no se reducía únicamente, como habían intentado sus oponentes propagar, a pintar obras por encargo. También trabajaba en los grabados. Pero concentrémonos en esa dicotomía que es una de las constantes de su obra y de su vida: lo que parecía ser y lo que era. Los palacios que pisaba y la casa en que pintaba. Sus conversaciones con sus amigos afrancesados, primero elogiados y luego perseguidos, y lo que él pensaba. La vida pública que llevaba en la corte y la privada que ocultaba. Esto lo llevará a estados donde la depresión y la euforia se suceden una detrás de otra, lo cual lo conducirá a consumirse y aislarse cada vez más de su entorno.

## Goya al desnudo

En esta atmósfera galante en la que se mueve Goya nos encontramos con un cuadro —bueno, dos para ser exactos—

que vienen a la mente de manera inmediata cuando alguien pregunta "de cuál cuadro de Goya se acuerda". Y sin que pase medio segundo la persona interrogada dice, indistintamente, *La maja vestida* o *La maja desnuda*. Y cuando estamos delante de los cuadros lo primero que nos viene a la cabeza es preguntarnos quién es la modelo. Para calmar la sed de interrogantes, durante mucho tiempo se pensó que no podía ser otra que la duquesa de Alba. De carácter alegre y mundano, pero culta e inteligente, y con el feliz agravante de su pronta viudez, la duquesa ha sido la responsable de que a Goya se le hayan inventado todo tipo de leyendas sobre su relación, que a la postre han viciado muchas interpretaciones acerca de las majas.

Fue decisiva tal relación, pues, ya afectado por la sordera, pasó en 1796 diez meses en la finca de los duques de Alba en Sanlúcar de Barrameda. Es considerable su correspondencia e interesantes los dibujos que de ella hace, los cuales se conservan en el denominado *Álbum de Sanlúcar,* tanto en el A como en el B, pero de allí a asegurar que la duquesa de Alba es la retratada hay un abismo. Por eso hay que manejar los datos con cautela para que este momento de su vida no se acabe convirtiendo en un novelón.

Gracias a documentos, concordancias de datos y fechas, hoy sabemos que la duquesa de Alba no fue la modelo de las majas, ya que éstas no corresponden a su rostro ni tampoco las fechas coinciden. Y punto. Sería más ajustado decir que Manuel Godoy, el favorito del rey y la reina, que manejaba los hilos del poder, quien era amante de la reina María Luisa, el todopoderoso de la época, era el propietario de ambas pinturas, con lo que podría llegar a pensarse que fuera él el autor del encargo, asunto que a la fecha aún no se ha dilucidado del todo, aunque determinados manuscritos indican que el protegido tenía en su palacio un "gabinete interior" donde mostraba a sus amistades cuadros de desnudos femeninos, entre ellos nada más ni nada menos que *La Venus del espejo*, de Velázquez.

Otro enigma de esta obra es su carácter pareado. Se ha sugerido que el propio Godoy le encargó a Goya la doble versión para ser apreciada en su totalidad, como si de una obra de teatro se tratara. Primer acto y segundo acto. El misterio y su revelación. Vestida y después desnuda. Provocación y seducción. Deseo y satisfacción. Lo que el ojo no puede ver y lo que el ojo quiere ver.

Para una sociedad como la española, una pareja de cuadros como esta no podía ser más que pasto de escándalo. Prueba de ello es que el 16 de marzo de 1815 la Cámara Secreta de la Inquisición llamó a Goya a declarar: "si son obra suya, con qué motivo las hizo, por encargo de quién y qué fines se propuso".

Y al contrario de lo que podría pensarse, Goya pintó primero *La maja desnuda* —entre 1800 y 1805— y después la vestida, la cual data de antes de 1806. Como tenemos la oportunidad de verlas reunidas, lo que más llama la atención es la postura desenfadada, con los brazos sobre la nuca, extendida sobre un sillón en actitud placentera y ciertamente provocadora, por no decir licenciosa. Pero lo más llamativo es que tanto la una como la otra representan a una mujer real, no idealizada, como las pintaran hasta entonces Tiziano (ca. 1488-1576) o Rubens (1577-1640). Ese sería el primer acierto del pintor. El segundo, la demostración de la habilidad de Goya con los colores, las sedas, las luces, las transparencias, que aparecen como si tuvieran aire entre ellas, con tal liviandad que estamos a punto de decir que flotan a la manera de una nube. En cuanto a la vestimenta, debemos recordar que en la época de Goya entre la aristocracia existía el juego de vestirse —para ellos era disfrazarse— al estilo de las clases populares, tal como se vio en los cartones para los tapices de la Real Fábrica.

Si *La maja vestida* es un prodigio de solución de un cuerpo en el espacio, *La maja desnuda* es otra obra incomparable por la tersura de la tez, por la suave iluminación, así como por esa progresión armónica de la piel que fluye por todo el cuerpo. Pero detengámonos en su cara. Es una invitación lujuriosa, viva, alegre, y pasados dos siglos de haber sido pintada, la maja doble sigue sonrojando a algunos y provocando la admiración de otros.

¿Pintó Goya *La maja vestida* para ocultar a *La maja desnuda*? Nunca lo sabremos. ¿Fue la amante del primer ministro de Carlos IV, Pepita Tudó, la modelo de las majas? ¿ Manuel Godoy le encargó las obras? ¿Sabía Goya que iba a transformar para siempre el desnudo en el arte? Tantas preguntas que aún esperan respuesta. Pero lo que sí sabemos es la gran calidad que tienen estas obras, muy adelantadas para su tiempo, incluso si se hubieran pintado en una sociedad más avanzada, como la inglesa o la francesa. No sobra decir que los ojos castos del siglo xix relegaron a *La maja desnuda* a permanecer aislada y sin admiradores en algún oscuro sótano del Museo del Prado.

## De la muerte y sus fusilamientos

Es cierto que los acontecimientos históricos suelen inspirar grandes obras. Y este caso no es una excepción. Pero existe la particularidad de que el pueblo de Madrid esperaba del pintor aragonés un resultado artístico de aquellos días de matanza y horror por parte de las tropas napoleónicas, en vista de sus creencias "afrancesadas" y de su discutible comportamiento con el rey invasor, José I, a quien retratara. (¿Ya entienden cuando se habla de confusión y permanente contradicción en la mente de nuestro artista?) Y Goya no fue ajeno a esa voluntad popular. De allí que pintara, seis años más tarde, las justamente famosas escenas del dos y tres de mayo.

> Fue el primer gran artista que dio testimonio de las atrocidades cometidas en nombre de la libertad.
>
> —Robert Hughes

*El dos de mayo de 1808: la lucha contra los mamelucos* es un cuadro que, aunque pueda ser una redundancia, es más histórico que el que lo precede. Pero es un antecedente de un tipo de pintura muy afín al que se hará en el romanticismo, piénsese, por ejemplo, en Delacroix (1798-1863). En éste vemos la lucha de los madrileños contra el destacamento militar de origen musulmán de las fuerzas napoleónicas, los llamados mamelucos, los cuales despertaron entre la población esa sed atávica de venganza, ya que los "moros" habían invadido la península en el siglo VII, de la que fueron expulsados sólo hasta el siglo XV. En efecto, lo que observamos es la furia, los sables, los alfanjes, los puñales entrando en las carnes de los enemigos africanos y de los caballos, así como los gestos desgarradores de rabia, dolor, cólera por parte de las figuras tanto protagónicas como las que aparecen en un segundo plano. El movimiento es total, sin llegar a ser caótico, y la sensación de venganza es superior a la de victoria. Sobra decir que el cuadro es un poco efectista, pero ese era el fin que buscaba Goya: conmover a sus paisanos, quienes se vieron identificados en esos rostros transformados por la necesidad de defender lo suyo a como diera lugar.

En cuanto a *El tres de mayo de 1808: los fusilamientos en la montaña del príncipe Pío*, Goya hace un giro en su estilo, lo que resultará fundamental para que este cuadro sea también considerado como uno de los más grandes pintados en la historia del arte de todos los tiempos. ¿Y por qué? Porque se ha convertido en un símbolo de la destrucción, en una representación de la indefensión, de la atrocidad de la guerra. En medio de la noche, iluminados por un cubo blanco del cual sale una nítida luz, un grupo de coraceros franceses apunta a un hombre indefenso que está rodeado por personas aterrorizadas que gritan de dolor y suplican el perdón, como se advierte en el monje que aprieta sus dos manos al lado del que será la próxima víctima, el cual, iluminado por la cruel luz del farol, adquiere un dramatismo impresionante cuando abre los brazos y la luz le baña la camisa y nos revela su cara descompuesta.

Este contraste cinematográfico, si se permite la expresión anacrónica, marcado por la luz y la sombra, por la masa compacta de los franceses y las caras de los patriotas españoles que expresan sus sentimientos, recalcan el carácter dramático y conmovedor de los que vivieron en esa noche madrileña. Pero hay varios aspectos que no podemos olvidar. El primero es que Goya usó para ambos cuadros personas del común y no, como podría pensarse, a un príncipe o a un rey, recurso tan utilizado en las escenas históricas en las que siempre hay un héroe que por su participación decide la batalla y le entrega la victoria a un país. Aquí el héroe es el pueblo. El protagonista es "cualquiera", que a la larga son todos. Y en segundo lugar ese rotundo "primer plano" que tienen ambos cuadros. Recordemos que hasta ese momento, en la gran mayoría de pinturas europeas de tema bélico, el pintor prefería situar los acontecimientos al fondo, o representar el momento de la rendición, con lo cual la autoridad del rey o del militar de turno quedaban retratados para la posteridad por todo lo alto, como sucede en *Las lanzas*, también conocido como *La rendición de Breda*, de Velázquez. Goya hizo caso omiso a esa norma y nos puso en primer lugar, como si asistiéramos nosotros mismos a la matanza de los mamelucos o a los fusilamientos de los patriotas.

Pero, además, Goya da otro giro de tuerca al dejar al pelotón de fusilamiento como una masa que se aprovecha de personas desarmadas, con lo cual los supuestos vencedores quedan ante los espectadores como vulgares asesinos sin pátina de heroísmo. Un siglo y medio más tarde será otro español, Pablo Picasso, quien repita las mismas manos abiertas, angustiosas, de *Los fusilamientos*, al pintar el *Guernica*. Esta es una prueba más de las situaciones límite a las que tuvo que asistir el artista, pues, si bien el propio Goya defendía la Ilustración, las nuevas ideas, el ideario básico de la Revolución Francesa, no podía menos que repudiar que quienes encarnaban esas ideas, es decir, los franceses, ocuparan su tierra de una manera violenta. A su vez, se sentía muy alejado del monarca Carlos IV y de su hijo Fernando VII. Por lo tanto, ¿cómo mantener el equilibrio en una situación tan terriblemente confusa? La airada reacción española en contra de las tropas napoleónicas se encauzó en una expresión que condensa la paradójica situación: "Que vivan las cadenas".

Y es que la situación era bien confusa. España se dividía entre aquellos que pensaban que todo tenía que seguir igual, y otros que pensaban que el país debía modernizarse, concentrarse en gobernar bien. Y, por supuesto, Goya no fue ajeno a este constante vaivén político.

*La Quinta del Sordo y las pinturas negras*

Terminando la segunda década del siglo XIX, Goya adquiere la casa que será conocida como la Quinta del Sordo. Para ese entonces hacía siete años había muerto su mujer, Josefa Bayeu, y mantenía una relación afectiva, que era la comidilla de Madrid, con Leocadia Zorrilla, casada con Isidoro Weiss, quien tenía una hija que bien podía ser del pintor o del marido, llamada Rosario. En ese entonces, Leocadia tenía veintinueve años y el pintor setenta y dos. Es decir, le llevaba 43 años. Podía ser su padre y hasta su abuelo. En esta casona, con sus diez hectáreas, a la orilla derecha del río Manzanares, retirada de la Corte y de sus habladurías, alejada del largo y retorcido brazo de la Inquisición, Goya empezó una de las aventuras más auténticas, desquiciadas y personales de la historia del arte. Nos referimos a las denominadas *pinturas negras*.

Fueron suficientes catorce pinturas realizadas sobre las paredes de su casa, tanto en las dos salas del primer piso como en la habitación principal para que Goya escapara de la tradición clásica, academicista, complaciente, y fundara un nuevo lenguaje donde la introspección es total, donde todo lo que vemos es desgarrado, situado al borde, tocando el límite. Mediante el tratamiento de temas como la brujería, la sátira social, las pesadillas, la violencia, la fuerza irracional asistimos a uno de los momentos más conmovedores de la pintura occidental. Como dijera Ramón Gómez de la Serna: "Su sordera lo hace hablar con sus convidados de piedra. Sus paredes son un auditorio fantástico".

Si antes sabíamos a quién estaba pintando y, por lo mismo, qué estaba pintando, ahora no sabemos ni lo uno ni lo otro. Goya saca a relucir sus fantasmas más profundos y los de la sociedad. La falta de una claridad, de una luz, nos lleva a concluir que el pintor vive y sufre el desengaño, quizás producto de la crisis de sus creencias políticas. A la vez, vemos cómo se da un dramático y paradójico tránsito de la libertad

La juvenil y maravillosa destreza de su mano correspondía a las poderosas facultades de su espíritu. Así que apreciaba en su pensamiento el valor de los efectos que intentaba, cogía la brocha y en un abrir y cerrar de ojos preparaba los colores en la paleta y los colocaba en su respectivo sitio sin titubear ni equivocarse. Estas cualidades las adquirió o fortaleció con el estudio continuo y silencioso que había hecho de los antiguos; pues respecto a los maestros contemporáneos no tuvo ninguno, ni es probable que hubiera aceptado sus lecciones.

—Lucien Matheron

individual al horror individual. Y no deja de ser contradictorio que él, tan admirador del Siglo de las Luces, pintara las obras más oscuras del nuevo siglo.

El descreimiento de Goya en las instituciones, en la sociedad, en las costumbres, en el futuro, es palpable. Y esa hosquedad se ahonda con su sordera, la cual, según el historiador Kenneth Clark, ayudó a la creación de las pinturas negras, al decir que

Si anulamos el sonido de un televisor, podemos enterarnos mucho mejor de los gestos y las expresiones de las caras de las personas que aparecen en él; las cuales parecen aumentar de tamaño y se vuelven algo grotescas. Así es como nuestro pintor aragonés vio a la humanidad durante cuarenta años aproximadamente. No es sorprendente, pues, que esas caras y esos gestos llegasen a obsesionarle.

Pero volvamos a los contrastes. Si en sus retratos se advierte el triunfo del individuo, el orgullo de ser único, de representar un puesto honorífico en la sociedad, ahora vemos a una masa amontonada, sin rasgos claros, precisos o, mejor, deformes por una fuerza interior incontenible que los lleva. Si antes primaba el orden, la lectura inmediata, su filiación academicista pero asimilada a sus propias intuiciones, ahora vemos el desorden de cuerpos, la dificultad de su lectura y su filiación expresionista.

Si antes primaba el rigor, la pincelada precisa, los colores primarios, ahora veremos la confusión de los colores, sobre todo en la gama oscura. Si antes era testigo ocular de los hechos ahora eso mismo le producirá un castigo ocular. Podemos constatar otro cambio bastante importante: de la representación del poder al poder de la representación. De una idea que guía a una duda que lo lleva por los laberintos de su mente. La razón y sus monstruos.

Será, pues, en los muros de la Quinta del Sordo donde empezará el arte contemporáneo. Allí está, con bastante anticipación, la primera exposición del arte del siglo xx. Una "exposición" que tardó tres años en pintar, es decir, de 1820 a 1823. Y tenemos la suerte de que esas obras, incomprendidas por sus contemporáneos, hayan llegado hasta nosotros gracias al barón Fréderic-Emile D'Erlanger —propietario de la Quinta desde 1873—, quien tras encargarle a Salvador Martínez Cubells, restaurador del Museo del Prado, que pasara a lienzo la totalidad de los cuadros que cubrían las paredes, y a raíz de fracasar en su propósito de venderlos en la Exposición Universal de París de 1878, decidió en 1881, para fortuna nuestra, donarlos en su totalidad al Museo del Prado. Los cuadros son los siguientes: En la planta baja se encuentran *La Leocadia*, *El aquelarre*, *Saturno*, *Judith y Holofernes*, *La romería de San Isidro*, *Dos viejos* y *Dos viejos comiendo*. Y en el primer piso están: *Las Parcas*, *Duelo a garrotazos*, *Hom-*

*bres leyendo*, *Dos jóvenes burlándose de un hombre*, *Paseo del Santo Oficio*, *Asmodea* y *El perro*.

Empecemos por *El aquelarre*. En primer lugar hay que decir que el nombre de este cuadro es una de las pocas palabras del idioma vasco que utiliza el castellano, y que significa "prado del macho cabrío", de *larre*, prado, y *aker*, cabrón. Esta enorme pintura (140,5 cm de alto por 435,7 de largo) decoraba, si este inocente verbo se puede utilizar, el comedor de la Quinta. En ella vemos un grupo de personas, cuyo común denominador es la deformidad, atentas a las palabras o a las órdenes del macho cabrío, quien representa al demonio.

Entre las varias interpretaciones que se le ha dado al cuadro ha tomado fuerza en los últimos años la expuesta por la historiadora Lilian Hellman, quien entiende la escena como la iniciación de una bruja joven traída a la asamblea oficial por una vieja bruja para entregársela al diablo. Los citados personajes aparecen en los extremos del cuadro: a la izquierda la vieja encorvada que parece estar leyendo algo que tiene entre sus manos y la de la derecha, una misteriosa figura que está sentada en una silla, como si esperara el momento para ser llamada a participar en la ceremonia.

La sensación agobiante de este cuadro radica en la saturación de caras, donde nos parece oír los ruidos, las voces de seres enajenados, los cuales han sido dispuestos por Goya como en un montículo. Si nos fijamos bien, *El aquelarre* está iluminado por un foco de luz que no ve directamente el espectador y que está delante del diablo, lo que le permite a Goya dibujar dramáticamente la silueta de éste e iluminar como con una linterna, de abajo hacia arriba, las caras de los aterrorizados, complacidos y enajenados asistentes a este acto de brujería. ¿Por qué la brujería?, se preguntan los críticos. Quizás porque al no poder expresarse directamente o, por lo mismo, por su fuerza artística, trasladó en su mente una situación de la realidad a la pared de su casa, con resultados bastante corrosivos, para que quien la mirara simplemente dijera: "Ah, es una escena de brujería". O para que otros dijeran: "Ah, esto simboliza la sumisión de España al poder de un rey idiota". En Goya una cosa puede significar otra totalmente distinta.

Recordemos uno de los autorretratos del artista, aquel en que lo vemos pintando con unas velas adheridas al ala de su sombrero, lo que nos indica que lo hacía a oscuras. Resulta conmovedor, por decir lo menos, apreciar a este gran artista, tan enajenado como sus representaciones, moviendo sus brazos, caminando por las tablas de su casa de aquí para allá, asombrándose de las imágenes que veía en su mente y que quedaban plasmadas en las paredes de su casa, viendo pasar su sombra, agitada por la llama de las velas que rodean su sombrero y que le deben pesar y caer y chorrear cera. Este era el Goya de las pinturas negras, sordo, poseído, visionario.

En el comedor de Goya, frente a *El aquelarre*, y como si lo pintado en éste no fuera suficiente, se encontraba *La romería de San Isidro*. Nos impacta, como dice el historiador Valeriano Bozal "que el terror y el espanto de la escena no viene dado por el tema en sí sino por la alteración del sistema visual empleado. El carácter alucinante de esta escena no nace de la nitidez óptica de la imagen, de lo que cuenta, sino de la imprecisión significativa que en esa nitidez se inscribe".

Este cuadro llega a ser el negativo de otro anterior suyo, hecho para los tapices, donde masas de personas se distribuyen en distintas partes del cuadro dando la sensación de profundidad y de espacialidad. En aquel vemos personas vestidas con trajes coloridos, alegres, en una actividad que reunía sin distinción de clase a todos los madrileños. Por el contrario, en esta ocasión lo que vemos es una procesión de personas que vienen desde lejos subiendo y bajando las colinas hasta llegar al primer plano. Las caras con las bocas abiertas, como si estuvieran cantando alguna canción desconocida, los deforma hasta alcanzar gestos grotescos. Justo en el lugar donde se encuentra el espectador parece estar la figura terrorífica que están mirando, lo que hace más dramática la representación, que, por otra parte, carece de anécdota. En otras palabras, en este cuadro, como en los restantes de las pinturas negras, no hay una narración, el peso está en su representación, en la incógnita que despierta por querer saber lo que no sabemos.

No nos podemos detener en el examen de cada una de las pinturas negras, pero vale la pena mencionar cuatro de ellas: *Saturno*, *La Leocadia*, *Dos viejos* y *El perro*. La primera de ellas también estaba presente en el comedor de la Quinta del Sordo. El historiador Íñigo Angulo encontró que el común denominador de todas ellas era la noche, como el lugar donde suceden cosas ocultas, desconocidas, sancionadas por la sociedad y la ley, un lugar peligroso, dominado por la presencia del dios Saturno el cual simbolizó desde la Edad Media y en

*Autorretrato de Goya, pintado alrededor de 1795.*
*Metropolitan Museum of Art de Nueva York.*

Carlos III en ropa de caza, *1786-1787. Óleo sobre lienzo,*
*210 × 127 cm. Museo Nacional del Prado, Madrid.*

Arriba

La maja desnuda, *c. 1797-1800. Óleo sobre lienzo,*
*97 × 190 cm. Museo Nacional del Prado, Madrid.*

Abajo

La maja vestida, *c. 1805. Óleo sobre lienzo,*
*97 × 190 cm. Museo Nacional del Prado, Madrid.*

Arriba

La familia de Carlos IV, *1800. Óleo sobre lienzo, 280 × 336 cm.*

*Museo Nacional del Prado, Madrid.*

Página siguiente

*Una de las inquietantes pinturas negras:* Perro, *1820-1824. Óleo transferido*

*a lienzo desde el mural de la Quinta del Sordo, 134 × 80 cm.*

*Museo Nacional del Prado, Madrid.*

Arriba

El tres de mayo de 1808 en Madrid o Los fusilamientos en
la montaña del Príncipe Pío, *1814*. *Óleo sobre lienzo, 266 × 345 cm.*
*Museo Nacional del Prado, Madrid.*

Página siguiente

Autorretrato, *1815*. *Óleo sobre madera, 46 × 35 cm.*
*Museo Nacional del Prado, Madrid.*

Suerte de varas, *1824.*

*Óleo sobre lienzo, 50 × 61 cm.*

*The H. Paul Getty Museum, Los Ángeles.*

el Renacimiento a la melancolía, estado éste muy conocido por el pintor, quien en la época en la que estaba trabajando estas obras (1820-1823) enfermó gravemente. Goya escogió para esta representación de Saturno el momento en el que el dios del tiempo desgarra el cuerpo de su hijo para que ninguno pudiera destronarlo. Se ha querido ver en este impactante cuadro una alusión al rey Fernando VII, quien acabó destruyendo a quienes antes habían sido sus colaboradores. Aquí encontramos dos fuerzas antagónicas: la brutalidad y la pasividad. La primera es desaforada, encarnada en una figura que por el contraste con la que tiene en las manos parece un gigante, mientras que la segunda pertenece a un cuerpo de proporciones clásicas. Si antes veíamos las bocas abiertas en *El aquelarre* o en *San Isidro* sin saber por qué motivo lo estaban, ahora vemos una boca devorando, como si fuera un animal, a su propio hijo. Lo descarnado de la situación, tan evidente, contrasta con los motivos de los otros cuadros.

En *Dos viejos* impacta de nuevo la crueldad, ese "secreto" que comparten las dos figuras. Si bien es cierto que la primera parecería la de un santo de edad avanzada que se apoya en un bastón, ésta se transforma en algo perturbador por ser cómplice de la figura que le habla al oído. Si cuando Goya elaboró estas pinturas estaba totalmente sordo, no es descabellado decir que esta obra hace alusión a su estado. Y las voces que oye no son las de una persona cuerda que le da un "sabio consejo", sino de quien trama algo malvado.

Con *La Leocadia* podemos acercarnos un poco más a su significado real, ya que ella compartió los últimos años de la vida del pintor aragonés. Leocadia Zorrilla y Galarza sería su compañera durante muchos años y lo sobrevivió diecisiete más. El cuadro representa el momento en que Goya estuvo a punto de morir en 1819, tal como se ve por el atuendo de duelo de la protagonista y por la cama donde ella se apoya. La actitud expectante, vigilante, como si algo fuera a suceder, unido a la atmósfera de gravedad, se acentúa por la cara de Leocadia, quien, al contrario de las figuras de otros cuadros, no ha sufrido un proceso de degradación, tal como podemos ver en los rostros grotescos de las brujas y las romerías de dementes de los anteriores. En este hay cierta dulzura, pero también un miedo inocultable ante la presencia de la muerte. Sus ojos grandes parecen decirnos: "No se les ocurra aproximarse porque la muerte anda por aquí rondando".

Y si hablamos de imágenes nítidas, pero también desoladoras, la de *El perro* es bastante significativa. Situado en el extremo inferior de un cuadro que mide 134 centímetros de alto por 80 de ancho, solamente vemos sobresalir entre dos masas de color amarillo la cabeza de un perro con las orejas echadas hacia atrás. Resulta conmovedor observarlo sin saber qué está haciendo, desconociendo por qué Goya lo puso ahí y le dio tanta preponderancia. Como en los anteriores cuadros, abundan las interpreta-

Gustábale hacer alarde de su facilidad de ejecución, asombrando a los curiosos y ofreciendo en sus pruebas verdaderas fanfarronadas. Poníase a pintar con el mango de su pincel, con el dedo pulgar, con la palma de la mano, con la espátula. Asegúrase que ha ejecutado de este modo, sin servirse una sola vez de su pincel, todos los frescos de su quinta, y se recuerda a este propósito la escena que pintó en el Prado con su pañuelo lleno de lodo.

—Lucien Matheron

ciones. Para empezar, diremos que González de Zárate dice que "el perro sería el pueblo atemorizado por el fantasma de la violencia". A su vez, Valeriano Bozal sostiene que

> *El perro* es la representación más rigurosa de la soledad y la falta de seguridad, de la autoconciencia de esa situación, de su carácter absoluto. El perro presenta la negación de cualquier optimismo ilustrado o moderno, rechaza cualquier idealización de nuestra situación y, paradójicamente (dado lo hermético del tema) nos devuelve a la tierra: su autoconciencia es la nuestra.

Desde mi punto de vista, el perro representa el miedo: miedo al futuro, a la incertidumbre del presente. Sus orejas echadas hacia atrás parecen detectar algo superior a él, algo que le impone respeto, algo que teme. Independientemente de las interpretaciones, si llegásemos a exponer este cuadro en una galería del siglo XX pasaría como una obra actual, por su arriesgada composición, por su manera de estar pintado con brochazos rápidos, por la impresión de desolación que despierta. Por todo ello este cuadro es absolutamente contemporáneo. Quizás sea esa una de las claves de por qué Goya despierta tanto interés entre nosotros: porque nos empezó a hablar con un lenguaje moderno dos siglos antes.

## Nuestro hombre en Burdeos

Agravado su estado de salud, así como temiendo por su vida y por la de Leocadia, cuyo hijo de su matrimonio disuelto había participado en las revueltas contra las tropas absolutistas, Goya se esconde durante los primeros meses de 1824 en la casa de su amigo José Duaso. Una vez Fernando VII promulgó la amnistía, nuestro pintor pidió una licencia de seis meses para "tomar las aguas minerales de Plombières para mitigar las enfermedades y achaques que le molestan en su avanzada edad".

El monarca aceptó la petición, lo que le permitió llegar a París, estar unos meses en la capital francesa para luego afincarse en Burdeos, donde se habían exiliado muchos españoles amigos suyos que habían huido temerosos de la persecución gubernamental. Allí vivió cuatro años, que fueron de una enorme productividad, hasta que lo sorprendió la muerte en 1828. Fue como si Goya hubiera recibido un segundo aire, ya que culminó varios retratos, ensayó una nueva manera de grabado y realizó la serie *Los toros de Burdeos* en su totalidad, obra maestra del género. En ese ambiente, tan bien retratado en la película de Carlos Saura *Goya en Burdeos*, se encontrará con varios refugiados como Moratín, Zapater y muchos otros, que le permitieron sentir viva su patria y participar en sus constantes reuniones que, como hemos sabido, eran vigiladas por la policía francesa.

Si tenemos en cuenta su avanzada edad, conmueve su febril actividad y sus acertados resultados, como se advierte en *La lechera de Burdeos,* pintura fechada entre 1825 y 1827, donde volvemos a ver a un Goya colorista, optimista, sacando de su paleta nuevamente el azul, dando a las figuras una nueva respiración. La suave melancolía, el reposo de la mujer, la calma que respira es algo que hacía tiempo no se veía en su obra, ya que desde sus retratos o, mejor, desde sus cartones no se encontraba una obra tan plácida. En ella los historiadores han situado plenamente la obra precursora del impresionismo, en virtud de sus brochazos cada vez más sueltos y de la deliberada presencia de manchas de color.

A su muerte, sucedida el 16 de abril de 1828, el gobierno pidió la repatriación de sus restos, pero, para sorpresa de todos, a su cuerpo le hacía falta la cabeza, la misma que vimos retratar por su propia mano, al igual que Rembrandt, varias veces, la cabeza de donde salieron las imágenes que todavía siguen asombrando al mundo.

# LOS CAPRICHOS DE GOYA

Si el Goya pintor es reconocido mundialmente, no lo es menos el Goya grabador. Su afición a este procedimiento se encuentra representada en *Los caprichos* (1799), *Los desastres de la guerra* (1810), *Tauromaquia* (1816) y *Disparates* (1819), obras que en su momento no fueron justamente apreciadas, tal como quería el propio pintor, y que le trajeron más de un dolor de cabeza.

Situémonos en 1799. Nuestro artista, ya sordo, tiene cincuenta y tres años y ha visto posar a las personas más importantes de la España de la época, desde reyes y ministros hasta sus influyentes amigos. Ya es Pintor de Cámara. Es decir, lo tiene todo: fama, acceso a las altas esferas del poder, estabilidad económica. Sin embargo, algo sucede en su mente. Desde hace algunos años a Goya le viene rondando la idea de difundir masivamente su obra, y nada mejor para ello que apoyarse en el grabado, ya que el bajo costo de su producción así como su fácil adquisición le producirían —pensaba— grandes beneficios. Neruda

Con la excepción de Ribera —que vivió toda su vida en Italia, en un medio enteramente italiano—, y de otros modestos tanteos casi aislados de algunos pintores barrocos, Goya es el único grabador de la historia del arte español. Y, sin embargo, ha de ser considerado como uno de los más grandes de la humanidad, a la par quizás sólo de Durero, de Rembrandt, entre los antiguos, y Picasso, entre los modernos.

—ALFONSO E. PÉREZ SÁNCHEZ

decía en sus memorias que dentro de todo artista se encuentra un negociante disparatado, y Goya parece darle la razón.

Lo curioso es que Goya no hizo lo que ha debido hacer, es decir, una serie de grabados de motivos alegres o moralistas, con escenas y lugares reconocibles por el público, a quien iba dirigido su trabajo. Por el contrario, escogió unos temas que se reparten en 80 estampas, a las que los contemporáneos que las conocieron en su momento coinciden en calificarlas como una serie de veladas acusaciones a la Iglesia, a la sociedad, a la monarquía, a la ignorancia. Y estos temas no se parecen en nada a su obra pictórica. Y por una sencilla razón: porque la primera es producto de los encargos, mientras que la segunda es producto de su voluntad. Este sencillo hecho, que podríamos denominar la "libertad personal", es uno de los rasgos más fascinantes de nuestro pintor, pues abre las puertas a la modernidad.

En cuanto al nombre de la serie, debemos entenderlo como era entendido entonces el término italiano *capriccio*, el cual estaba más relacionado con la imaginación, con la creación desenvuelta de una persona, con la invención libre que con el sentido de extravagancia personal que hoy tiene.

Pero sigamos con nuestro grabador. Los 300 ejemplares de *Los caprichos* paradójicamente se pusieron a la venta en el número 1 de la Calle del Desengaño. Goya estaba pidiendo al comprador de sus grabados que no observara, sino que descifrara. De allí su carácter oscuro, su interpretación difícil, su filiación enigmática. Pero otra vez a Goya no le salieron las cosas como pensaba. No hubo mayor recepción de su obra y, por otra parte, justo en el momento en que salieron a la venta se avecinaba un nubarrón político, con lo cual podía quedar en entredicho su posición.

De manera que para evitar un juicio por parte de la Inquisición, cuatro años después donó las 80 láminas de cobre a la Real Calcografía, junto con 240 ejemplares, a cambio de obtener una pensión para su hijo Javier. Lo de la pensión era apenas una excusa para darle otra vuelta más a un asunto tan complicado como era éste de los grabados, ya que la Inquisición levantaba la ceja con sospecha ante un pintor que creaba estampas donde aparecían brujas y se observaban escenas de doble sentido. Nos encontramos otra vez con ese Goya dividido al que hemos hecho referencia, nunca contento donde se halla, siempre inquieto, entrando cada vez más al fondo de su alma.

Pero volvamos al origen de *Los caprichos*. Resulta interesante reproducir el texto del propio autor donde explica las razones de esta producción:

> Persuadido el autor de que la censura de los errores y vicios humanos (aunque parece peculiar de la elocuencia y la poesía) puede también ser objeto de la pintura, ha escogido como asuntos proporcionados para su obra, entre la multitud de extravagancias y desaciertos que son comunes en toda sociedad civil, y entre las preocupaciones y embustes vulgares, autorizados por la costumbre, la ignorancia o el interés, aquellos que ha creído más aptos a suministrar materia para el ridículo y ejercitar al mismo tiempo la fantasía del artífice...

Y es en estos grabados donde encontramos el justamente célebre *El sueño de la razón produce monstruos*, obra emblemática del conflicto en el que Goya estaba inmerso. Si hablamos del siglo XVIII como del Siglo de las Luces, el del triunfo de la razón, si se pensaba que con la sola llegada de la nueva época acabarían muchos problemas y empezaría una era de paz y progreso, desafortunadamente las cosas no fueron así, ya que la "razón" también produce errores, es falible. En fin, como lo dice Goya, produce monstruos. Por lo tanto, ni él mismo se salvaba de sus dardos. Y uno de los sueños de la razón es la guerra.

Para representar sus pensamientos Goya escogió la ironía del ocultamiento, pues en esos grabados no queda títere con cabeza. Resulta interesante resaltar el papel que juega la caricatura tanto en esta serie como en las siguientes producciones. Esta variante de la pintura ya se había desarrollado en Europa, pero gracias a los diarios se había vuelto un vehículo de comunicación novedoso que permitía decir lo que no se dice, ya que muchas veces se vale de la exageración

En *Los caprichos*, la primera de las series de estampas concebidas como un todo, como una obra completa y cerrada, dotada de un sentido y provistas de una evidente intención crítica y aleccionadora, Goya introduce, junto al aguafuerte, la técnica relativamente nueva del aguatinta, o de la resina, con la cual se obtienen efectos de fondos sobrios de un negro o un gris uniforme, como de tintas planas, sobre las cuales se recortan las siluetas blancas con intensidad y eficacia enteramente modernas. Normalmente suele combinar ambas técnicas, reservando para los fondos el aguatinta, y trabajando las figuras con el aguafuerte, en algunas ocasiones repasado con buril o punta seca. Pero en algunas raras ocasiones utiliza, con audacia y desenfado geniales, la sola aguatinta.

—ALFONSO E. PÉREZ SÁNCHEZ

y de la elipsis para lograr su cometido. Como Goya era un dibujante nato y el procedimiento del "decir sin decirlo" era muy de su gusto, esta puerta le abrió el camino a su imaginación, siempre ágil, febril y disparatada. Es más, la desbordó. De manera que vemos, plancha por plancha, una sucesión de acontecimientos, de escenas de carácter burlesco y también acusador, que nos conmueven. Y que aún interrogamos.

## La guerra de los desastres

El conflicto bélico por el que pasaba España también tiene su reflejo en la obra de Goya. Y de manera explícita, sin símbolos, sin alegorías, sin ocultar sus protagonistas. La crudeza de estos grabados gira en torno a su experiencia personal, pues él mismo fue testigo de las crueldades cometidas en Madrid y en Zaragoza. Es por ello que *Los desastres de la guerra* se puede interpretar como una crónica de la degradación humana, pues no encontramos aquí una visión heroica de los vencidos o una interpretación peyorativa de los vencedores.

En ningún caso Goya se deja arrastrar por un "patriotismo" que hubiera arruinado su trabajo o, a lo menos, reducido a un capítulo meramente conmemorativo. Lo que tienen estas 82 láminas es una denuncia de la irracionalidad humana, de la inutilidad de la guerra, de la degradación del ser humano. De qué vale ocupar el sitio más alto en la escala de la evolución de los seres vivientes si se acaban matando los unos a los otros como los animales más salvajes de la Tierra. Goya, viendo que no era conveniente editar la totalidad de la serie, pospone su propósito. Se haría hasta 1860, es decir, pasados 32 años de su fallecimiento. No debía resultar nada satisfactorio para el autor que su trabajo se almacenara en su casa, sin destinatario seguro, y constatara a su alrededor que los ideales por los que había luchado acabaran siendo despedazados por las mismas personas que los encarnaban. Con seguridad ha debido producirle mucha rabia ver tanto trabajo comido por la humedad y en vías del olvido.

Las estampas de *Los desastres de la guerra* han logrado salirse de su propio marco histórico para convertirse en íconos sin tiempo, en emblemas, en símbolos de la humanidad. Por eso tienen absoluta actualidad. Y su propósito es contundente.

## Tauromaquia

Son diversas las fuentes que nos hablan de la gran afición del maestro aragonés a la fiesta de los toros. Algunos llegan a decir que llegó a Roma formando parte de una cuadrilla de toreros y que con el dinero obtenido pudo sufragar su estadía, la cual duró cerca de dos años. Independientemente de la veracidad de estos datos, en las 33 estampas de *Tauromaquia* deja explícita su pasión por este arte, que gozaba del fervor de todas las clases.

Fue en 1816 cuando Goya dio a la venta estos grabados que representan escenas propias del toreo, empezando por sus orígenes, es decir, la caza de toros por parte de los primitivos habitantes de Iberia, pasando por los juegos taurinos de los moros y las corridas de toros de los aristócratas. Si en *Los caprichos*, como en la posterior *Disparates*, Goya hace necesario "esclarecer" su contenido mediante sus títulos, en este caso lo que vemos es claro. Y gozoso. Su talento no necesitaba la imaginación para apoyarse. Lo visto pasa de su buril a nuestros ojos con una limpieza espectacular, con una luminosidad deliciosa, y podemos ir de una estampa a otra dejándonos llevar por el puro placer del toreo, arte en el que Goya veía no solamente la destreza, sino también la valentía, la gracia, la manera de enfrentarse a la muerte y salir airoso. Aunque no siempre, como es el caso del torero Pepe Illo en la ya clásica estampa titulada *La desgraciada muerte de Pepe Illo, en la plaza de Madrid.*

## Proverbios o Disparates

Un hombre de setenta y tres años, completamente sordo, reconocido y olvidado, pero pleno de poderes creadores, es quien graba las planchas de los *Proverbios* o *Disparates*, alrededor de 1819. Francisco de Goya y Lucientes retoma con mayor gravedad sus obsesiones, las mismas que lo habían conducido a editar veinte años atrás *Los caprichos.*

La serie de los *Proverbios* corre paralela a sus famosas pinturas negras, donde aquelarres, brujerías y gentes monstruosas aparecen dibujadas con una seguridad aterradora, como si el pintor aragonés hubiera sido testigo presencial de esas escenas. Es, pues, el momento más personal de su creación de grabados, el más terriblemente "goyesco", en el cual se apropia y da rienda suelta a todas sus obsesiones, con las consecuencias que esto le traerá. En una carta escrita a su familia se puede leer lo siguiente: "He logrado hacer observación puesto que las obras cuando son encargadas no ofrecen ocasión alguna para ello y el capricho y la intención no tienen donde desarrollarse".

Goya empezó a trazar un camino paralelo a los encargos de la nobleza, e inició en solitario la larga carrera del arte contemporáneo, donde el pintor domina y es dominado por su libertad creadora. Es, pues, el momento en el cual el artista la asume y la inventa, donde, para el arte que le precedió, se hace particularmente evidente la trágica y fructífera elección de la libertad. O, dicho de otro modo, la llama de la independencia temática y conceptual le permitió alumbrar sótanos infranqueables donde jamás nadie se había aventurado a llegar.

A pesar de lo avanzado de su edad, Goya no cesó en sus actividades. Se pueden fechar en los mismos años —1819-1823— retratos espléndidos de sus amigos, visiones horroríficas y dibujos de situaciones cotidianas. Goya dejó en esta serie de planchas constancia de su horror y de sus penalidades, de la tragedia vivida por muchos de sus compatriotas, fustigada por una situación política variable y peligrosa que actuó como un poderoso detonante para plasmar todos sus fantasmas.

Respecto a la denominación de *Proverbios*, ésta se le añade tardíamente a la de *Disparates*. Estos dos términos son antagónicos en sus significados, pues el primero es una "sentencia, adagio, o refrán del libro de Salomón en la Biblia", y el segundo es "lo contrario a la razón, locura", según definiciones de la Real Academia de la Lengua. Si de un lado encontramos una frase que se da por cierta gracias a la costumbre, la otra ilustra su contravención. Al parecer, fue la Academia de San Fernando quien eligió el nombre de los *Proverbios*, ya que sus miembros creyeron encontrar cierta relación con los dichos populares. Pero en los dibujos preparatorios, Goya tituló varios grabados como *Disparate alegre*, *Disparate furioso*, etc.

Un rasgo importante a la hora de enfrentarnos con esta serie de Goya es el poder multiplicador que el grabado tiene en ese momento. A diferencia de los cuadros famosos, encerrados en su momento en palacios y en castillos, atesorados por celosas órdenes religiosas, el grabado, como ya se ha comentado, propagó las obras de los grandes maestros por varios países, lo que propició el acercamiento de una mayor cantidad de público a ellas. Goya fue consciente de este poder, y así trabajó, en un principio, con la

Madrid, 4 de enero de 1794
Ilustrísimo Señor:

Para ocupar la imaginación mortificada en la consideración de mis males, y para resarcir en parte los grandes dispendios que me han ocasionado, me dediqué a pintar un juego de cuadros de gabinete en que he logrado hacer observaciones a que regularmente no dan lugar las obras encargadas, y en que el capricho y la invención no tienen ensanches. He pensado remitirlos a la Academia para todos los fines que Vuestra Señoría Ilustrísima los cuadros para que los vea y con el respeto con el que los hará mirar esta circunstancia por la autoridad y por la singular inteligencia de Vuestra Señoría Ilustrísima no tenga lugar la emulación. Protéjalos Vuestra Señoría Ilustrísima y protéjame a mí en la situación que más necesito el favor que siempre me ha dispensado. Dios guarde a Vuestra Señoría Ilustrísima muchos años.
Besa la mano de vuestra Señoría Ilustrísima su más atento servidor.

—FRANCISCO DE GOYA

esperanza de poder corregir o, al menos, señalar, mediante el retrato descarnado de sus composiciones, el particular comportamiento humano.

Aún en su vejez, su curiosidad nunca quieta le hizo aprender y utilizar con admirable eficacia una nueva técnica gráfica, la litografía, que permitía mayor rapidez y frescura en la ejecución y que, surgida para la ilustración, rápida y barata, de prensa e información alcanza en sus manos muy pronto valor de gran arte.

—ALFONSO E. PÉREZ SÁNCHEZ

Esa misma distancia que separa los nombres de esta serie ilustra claramente la dificultad de su interpretación. Vanos son los esfuerzos para decir lo que cada plancha significa. La interpretación ejerce en algunos casos un efecto de congelación inmediata, que reduce la maestría y la verdadera personalidad a una fórmula. Al respecto, Aldous Huxley hace sobre los *Proverbios* la siguiente aclaración:

¿Qué significan todas estas personas que vemos? La respuesta a la pregunta quizás se encuentre en que estas planchas no tienen el sentido ni el orden de la expresión que usamos con las palabras. Se refieren a un estricto y privado acontecimiento que tiene lugar en los oscuros niveles de la mente del creador.

Los *Proverbios* parecen la conversión literal de sus pesadillas a la realidad. Se advierte sin dificultad que Goya no sale indemne ante cada plancha. Que se adentra en nuevos territorios. Su imaginación y su libertad, unidas a su particular interpretación de los hechos políticos y militares del momento que lo conmovieron profundamente, lo arrojan a describir límites borrosos para plasmar con dolor la arbitraria condición humana. Es por ello que los críticos ven en esta serie el poder absoluto de la creación, como si la locura y su clarividencia se llevaran por delante todos sus intentos de salvaguardar la razón. Así lo dejó consignado Ramón Gómez de la Serna: "Por primera vez en Goya el sarcástico hiere y para depurar su crimen, se hiere él también, y sonríe herido. No se cree justiciero ni verdugo, sino que para demostrar el veneno de la vida bebe él también la cicuta amarga".

# GOYA. NUESTRO CONTEMPORÁNEO

Se ha dicho con justicia que Goya encarna, como ningún otro, por la verdad de su oficio y por lo experimental de su quehacer, el nacimiento del arte moderno. Pintor oficial de la Corte y con deseos de ser noble, como le sucediera a Velázquez, pero, al mismo tiempo, fervoroso creyente de los cambios políticos, aplicables a una sociedad atrasada, Goya se ve dramáticamente dividido entre sus funciones y sus creencias, bifurcación que se irá acentuando a medida que vaya envejeciendo. Resume en su obra la alegría de la vida, como se puede observar en sus famosas series de tapices, pero, a la vez, condensa la conciencia del horror, como se advierte a primera vista en su serie de pinturas negras y a todo lo largo de sus 300 grabados. Atrapado entre las fuerzas magnéticas de lo racional y lo irracional, su obra deja constancia de su pasión por la naturaleza humana, lo que no le impide abrirle paso a una vasta iconografía de la desesperación.

Como se ha expresado, Goya perteneció con dolorosa lucidez a un siglo iluminado por la luz de la razón, motivado por los avances científicos y tecnológicos y, al tiempo, dominado por la supervivencia de órdenes caducas, por el aplastante control clerical, particularmente en España, donde la Inquisición seguía imponiendo el veto a todo aquello que fuera novedoso, ya que simplemente por serlo era sospechoso de subvertir el orden establecido durante siglos. Entre el desarrollo y la superstición decimonónica, entre la ilusión de un orden social nuevo y de la dominación cabal de la naturaleza, de la esperanza de la Revolución Francesa y la constatación del horror humano, Goya presenció, atónito y desconfiado, feliz y desilusionado, el incierto girar de un calendario que arrancaba las últimas hojas del siglo XVIII y daba paso al XIX.

Y es por su obsesión, por su independencia temática, por su angustia, no solamente ante la vida sino ante el tiempo que le tocó en suerte vivir y por su experimentación, por lo que podemos hablar de Goya como el primer pintor moderno, como el artista que abrió una puerta al arte contemporáneo anticipándose un siglo a lo que vendría.

Todos sabemos que una época se diferencia de otras por sus gustos. Y a Goya el reconocimiento le llegó tarde. Su estilo no gustaba en España ni fuera de ella. No fue hasta 1875 en que el pintor español Federico Madrazo volvió a desempolvar sus cuadros, ya que estaban enrollados en los sótanos del Museo del Prado. Por eso no se vaya a pensar que el pintor aragonés alcanzó la fama universal de manera inmediata. Tuvieron que pasar muchos años, muchos estilos, para que la fortuna le volviera a sonreír a Goya, ya que su pintura influyó en forma definitiva en el desarrollo pictórico de Delacroix (1798-1863) y después deslumbró en la paleta de Manet (1832-1883). Ambos, situados al extremo de un arco, le dieron la categoría de la que hoy goza. "Todavía los esteticistas ingleses [en palabras de Antonio Caballero] que mandaban la parada en la crítica de finales del siglo xix —Ruskin, Pater— lo consideraban un basto y burdo pintor de provincias, un Franz Hals para pobres, indigno de codearse con los Artistas con mayúscula. Por eso quedan aún tantos Goyas en España: no los compraba nadie". Su vigencia es incontrovertible. Su calidad, incuestionable. Su imaginación, inagotable. Eso es Goya, un artista que supo sacar de sus propios conflictos lo más valioso de sí mismo, lo más auténtico, y de sus propias obsesiones todo un vasto museo de seres imaginarios. En la celebración de su 250 aniversario, el Museo del Prado se vio literalmente desbordado por miles de personas que querían ver o volver a ver, experimentar o reexperimentar, descubrir o redescubrir a un pintor absolutamente español, entendiendo por esto una persona que con un instinto especial captó modales, costumbres, vicios, aficiones de su país natal.

En nuestros días, la obra grabada de Goya recobra el lugar y la intención que le deseaba su autor. Su voz irónica o desgarrada, gritadora o susurrante, se hizo ya oír de todos, y constituye un profundo caudal para nuestro propio conocimiento. Pues la maestría del pintor al desvelar impulsos o pasiones del hombre y de la sociedad, nos enfrenta, a nuestro pesar, con mucho de nosotros mismos, con nuestras violencias, nuestros miedos y nuestras contradicciones.

—Alfonso E. Pérez Sánchez

Goya fue presentado durante muchos años como el prototipo del artista romántico: el desengañado, el que batalla solo contra su medio, el incomprendido, el demente iluminado. Estas características, que todavía algunos consideran propias de todo artista —piénsese en el caso de Van Gogh, en el de Rimbaud, en el de Modigliani—, hoy en día han perdido su vigencia.

Más bien habría que decir que Goya fue un pintor de oficio, que conoció el éxito tanto personal como económico, que alcanzó la escala social con la que soñaba y que en sus largos ochenta y dos años de vida pudo explorar la sombra para encontrar su luz.

# CRONOLOGÍA

**1746.** Nace Francisco de Goya y Lucientes en la localidad aragonesa de Fuendetodos.

**1760.** Ingresa en el taller del pintor local José Luzán, donde permanece cuatro años.

**1763.** Primera estadía en Madrid.

**1770.** Viaja a Italia.

**1771.** Recibe el primer encargo importante: la decoración de la bóveda de una de las capillas de la basílica del Pilar de Zaragoza.

**1773.** Contrae matrimonio con Josefa Bayeu, hermana de los también pintores Francisco y Ramón.

**1774.** Se instala nuevamente en Madrid, donde pasa a formar parte del equipo de pintores que realizan cartones para tapices de la Real Fábrica de Tapices de Santa Bárbara.

**1780.** Es elegido miembro de la Real Academia de San Fernando, cuando realiza el cuadro *Cristo crucificado*.

**1785.** Es nombrado pintor del rey.

**1792.** Enfermedad de Goya en Sevilla. Luego de este percance se queda completamente sordo.

**1795.** Director de pintura en la Real Academia de Bellas Artes de San Fernando.

**1796.** Pasa diez meses en la finca de los duques de Alba en Sanlúcar de Barrameda. Queda como testimonio de su relación con la duquesa, viuda reciente, el *Álbum* A y el *Álbum* B.

1798. Pinta la decoración al fresco de la ermita de San Antonio de la Florida de Madrid.

1799. *Los caprichos.*

1801. Realiza el formidable retrato colectivo de *La familia de Carlos* IV.

1805. Conoce a Leocadia Zorrilla de Weiss, quien se convertirá en su amante.

1810. Inicia la serie de grabados de *Los desastres de la guerra*, que concluirá cuatro años más tarde.

1812. Muere su esposa Josefa Bayeu.

1816. *Tauromaquia.*

1819. Pinturas negras.

1824. Viaja a Burdeos.

1828. Muere a los ochenta y dos años en Burdeos.

# Obras (en orden cronológico)

*El quitasol,* 1777
*La vendimia,* 1786-1787
*La nevada,* 1786
*La pradera de San Isidro,* 1788
*La gallina ciega,* 1789
*Las gigantillas,* 1791
*Cristo crucificado,* 1780
*La marquesa de Pontejos,* 1786
*Carlos* III, 1786-1787
*La marquesa de Santa Cruz,* 1797-1799
*Jovellanos,* 1798
*Los duques de Osuna y sus hijos,* 1798
*La maja desnuda,* 1797-1800
*La maja vestida,* 1800-1805
*La familia de Carlos* IV. 1800-1801
*El coloso,* 1812
*El dos de mayo de 1808,* 1814
*El tres de mayo de 1808,* 1814
*La Leocadia,* 1820-1823
*El aquelarre,* 1820-1823
*La romería de San Isidro,* 1820-1823
*Saturno,* 1820-1823
*Duelo a garrotazos,* 1820-1823

*Las Parcas,* 1820-1823
*La lechera de Burdeos,* 1825-1827

# Bibliografía

Bozal, Valeriano, *Goya*, Alianza Editorial, Madrid, 1994.

———, *Goya. Entre el neoclasicismo y el romanticismo*, Historia 16, Colección Historia del Arte, N° 38, Madrid, 1989.

———, *Imagen de Goya*, Alianza Editorial, Madrid, 1983.

Caballero, Antonio, *Paisaje con figuras*, El Malpensante, Bogotá, 1997.

Clark, Kenneth, *La rebelión romántica*, Alianza Forma, Madrid, 1990.

Díaz-Plaja, Fernando, *Las Españas de Goya*, Editorial Planeta, Barcelona, 1989.

Fuentes, Carlos, *El espejo enterrado*, Fondo de Cultura Económica, México, 1992.

Gómez de la Serna, Ramón, *Goya*, Editorial Ercilla, Santiago de Chile, 1941.

*Goya desde Goya*, Facultad de Bellas Artes, Universidad de Barcelona, 1993.

*Goya. 250 aniversario*, Museo del Prado, Madrid, 1996.

Hughes, Robert, *A toda crítica*, Anagrama, Barcelona, 1997.

Kalenberg, Ángel, Juan Carrete Parrondo, José Manuel Matilla, Álvaro Martínez Novillo y Jesusa Vega, *Goya, la mirada crítica*, Panamericana Editorial, Bogotá, 1998.

Saura, Carlos, *Goya en Burdeos*, Galaxia Gutenberg, Barcelona, 2004.

Goya

## *Páginas web*

www.bne.es/esp/exposicion-fra.htm
www.artehistoria.com
www.talleronline.com/bio.html

# Sumario

Este libro se terminó de imprimir en el mes de julio
del año 2006 en los talleres bogotanos
de Panamericana Formas e Impresos S.A.
En su composición se utilizaron tipos
Sabon, Bodoni Poster y Akzidens Grotesk
de la casa Adobe.